AF275987

Marc Augé

ELOGIO DE LA BICICLETA

LIBERTAD Y CAMBIO

ELOGIO DE LA BICICLETA

Marc Augé

Título original en francés: *Éloge de la bicyclette*
© 2008, Éditions Payot & Rivages

Traducción: Alcira Bixio

Diseño de cubierta: Beatriz Álvarez Ballestar
Diseño interior e ilustraciones: Marco Sandoval

Primera edición: junio de 2009, Barcelona
Segunda edición: junio de 2024, Barcelona

Derechos reservados para todas las ediciones en castellano

© Editorial Gedisa, S.A.
www.gedisa.com

ISBN: 978-84-19406-71-2
Depósito legal: B 8682-2024

Impreso por Ulzama

Impreso en España
Printed in Spain

Índice

Actualización del *Elogio de la bicicleta*

Aunque *Elogio de la bicicleta* se editó por primera vez en 2008, la mayor parte de sus interpretaciones, intuiciones y propuestas siguen siendo totalmente vigentes. Es más, en el tiempo transcurrido desde entonces, la bicicleta ha florecido en la ciudad. Sin embargo, en estos 16 años el mundo ha asistido a transformaciones y fenómenos cruciales: la crisis inmobiliaria, con las viviendas convertidas en inversión; la pandemia y la implantación del teletrabajo; la escalada de conflictos violentos y de guerras; la crisis de los cuidados, tan poco visibilizada; y la crisis climática, que notamos en el incremento de incendios, el desbordamiento de ríos, la erosión de las costas, los tsunamis, la sequía extrema y los cambios bruscos de temperatura. Estos hechos subrayan algo: la utilidad de reeditar este libro.

Elogio de la bicicleta entra de lleno en el tipo de obras que Augé fue publicando a lo largo de su prolífica vida: interpretaciones desde la etnología y la antropología, con ingredientes de la psicología y la sociología, que versan sobre los seres humanos contemporáneos y sus relaciones, sobre la dinámica de los movimientos individuales y colectivos, sobre la búsqueda de felicidad y la vida cotidiana y real en las urbes.[1]

Encabezado por una introducción titulada «La bicicleta, del mito a la utopía», el presente libro se divide en tres partes.

La primera aborda el mito vivido, en un doble sentido, de lo que podríamos denominar la me-

_____

1. En la misma línea que otros libros suyos, como *El viajero subterráneo. Un etnólogo en el metro* (2008) o *Elogio del bistrot* (2015).

moria individual y la memoria colectiva. La bicicleta forma parte de la biografía de la mayoría de personas, que no olvidan el momento y el lugar de su infancia en el que aprendieron a mantener el equilibrio sobre dos ruedas y se descubrieron a sí mismos como seres ágiles y libres: «en unos pocos segundos, el horizonte limitado se libera, el paisaje se mueve», escribe Augé. Ese pasado mítico personal tiene su correlato en la afición común por el ciclismo de competición, iniciado a principios del siglo xx, y que tuvo en la posguerra europea uno de sus grandes hitos mediáticos, especialmente con el Tour de Francia y el Giro de Italia. Una afición que fue paralela al incremento del uso de la bicicleta durante este período.

La segunda parte enfrenta la crisis de ese modelo mítico y de los modelos de urbanización, que Augé diagnosticó en otros libros posteriores como *El porvenir de los terrícolas* (2018). En *Elogio de la bicicleta* analiza, por una parte, el hundimiento del mito deportivo y colectivo, causado por el escándalo del *dopping* en Francia en el 1998 y la mundialización comercial, y, por otra, los desastres de la urbanización del mundo, cuyas ciudades, viviendas y habitantes se van descentrando, expandiendo y diluyendo a causa del imperativo de la movilidad individual y la imposición de los avances tecnológicos.

Por último, en la tercera parte, recupera y replantea el mito para recurrir a la utopía, noción recurrente en los textos de Augé. Una noción que se articula a través de su concepto de «utopía de la educación», según el cual el ser humano, en algún período futuro, llegará a superar su prehistoria de violencia para entrar en la historia de una humanidad planetaria. Así, nos demuestra su gusto por la prospección futura y los ejercicios de etno-ficción, que le emparentan con la ciencia ficción etnológica de Ursula K. Le Guin y con las teorías utópicas de Donna Haraway. Para Augé, la utopía es el ciclismo como salvador del futuro urbano.

Ciudades en bicicleta

Ya hace tiempo que Augé entendió que toda transformación se produce y se producirá a partir de las ciudades, del activismo y las exigencias de su ciudadanía y de las medidas estructurales que tomen las administraciones municipales: «hoy cambiar la vida es, en primer lugar, cambiar la ciudad». La hipótesis de Marc Augé es que las ciudades donde predomina la movilidad en bicicleta son más humanas, cordiales, sanas, vivibles y confortables. Y, siguiendo la frase del meteorólogo Lorenz de 1972, para quien el aleteo de una mariposa en Brasil puede provocar un tornado en Texas, podemos considerar que el inicio fue una valiente mariposa en Ámsterdam: en los años setenta el movimiento Stop de Kindermoord (Paren la muerte de niños) protestó por los accidentes provocados por los automóviles, que implicaban a niños y niñas, y exigieron calles seguras con aceras y carriles bici. Un tornado que se ha ido extendiendo a muchísimas ciudades y que ya había llegado a otros lugares del mundo: a finales de los años veinte del siglo pasado, con la irrupción del automóvil producido en serie, se empezaron a reclamar recorridos seguros para ir al colegio, de ahí las «Neighbourhood Units» y el Esquema Radburn en Norteamérica. En el caso de Ámsterdam, se trató de una reivindicación ciudadana a favor de la pacificación del tráfico, de las bicicletas y de la inversión en trasporte público, ya razonada en los años sesenta por la veterana jefa de urbanismo Jakoba Mulder. Y en los últimos años Utrecht ha emulado a Ámsterdam y la ha superado en carriles bici y usuarios.

De ahí, el protagonismo de la bicicleta se extendió a otras ciudades nórdicas, como Copenhague, Malmö o Amberes, y a ciudades alemanas como Münster, Bremen y Hannover.

París, tal como lo desarrolla Marc Augé en el libro, también empezó a dedicar avenidas al lado del Sena para el ocio de los transeúntes. Y bajo el mandato de Anne Hidalgo, alcaldesa desde 2014, y a pesar de la presión ejercida por los lobbies, la ciudad

persiste en su política radical de más bicicletas, pea-
tonalización y pacificación de la capital.

En España ha destacado Barcelona, también
tomada como referente por Augé, ya desde la época
del alcalde Jordi Hereu, cuando se implantó el *Bicing*
en el 2007. Y con la alcaldesa Ada Colau (2015-
2023) la voluntad de renaturalización y de extensión
de la tupida red de carriles bici se ha consolidado.
Además, la iniciativa vecinal inventó el Bicibús en el
2021, que permite a los escolares ir al colegio en bici,
protegidos y divirtiéndose, a la vez que les ofrece la
oportunidad de educarse en la movilidad sostenible.

De todas formas, en las elecciones del 2023,
la oposición a un carril bici concreto, en la Vía Au-
gusta, que condiciona el tráfico privado de barrios de
clases medias y altas fue uno de los argumentos que
arrancó votos conservadores en detrimento de la
continuidad de la política urbana y social de la izquierda.

Madrid, por su parte, sigue el ambicioso Plan
Madrid Río, con una vía para ciclistas que recorre la

orilla del Manzanares. En Gijón se había adaptado el paseo marítimo para bicicletas y peatones, pero el poder y los intereses de los agentes urbanos contrarios, junto a una parte de la opinión pública, han obligado a retirarlo. Otras ciudades españolas que destacan por el papel otorgado a la bicicleta son Vitoria, San Sebastián, Pontevedra, Zaragoza, Córdoba y Sevilla.

En Latinoamérica son muchas las ciudades que han experimentado con ceder sus avenidas en los fines de semana y festivos a ciclistas y paseantes. El movimiento lo inició Enrique Peñalosa en Bogotá, cuando decidió no invertir el presupuesto para una nueva autopista y dedicarlo a construir aceras y carriles bici. En Ciudad de México se cierra para ciclistas la avenida Reforma; en Guadalajara se comenzó con la avenida Vallarta y se ha ido extendiendo la iniciativa a otras vías principales de la ciudad; en Río de Janeiro, la calzada del paseo marítimo; en Quito, los domingos la avenida Amazonas se transforma en un ciclopaseo, etcétera.

Y no olvidemos el intensivo y tradicional uso de la bicicleta en países como China (en ciudades como Hangzhou) o Vietnam (en Hanói). Y, aunque hay políticas actuales que siguen fomentando dicho uso, la tendencia en las ciudades orientales ha sido pasar a la motocicleta.

De todas formas, Augé no fue ingenuo y vislumbró con clarividencia los peligros y conflictos que empezaban a darse: que la bicicleta (y otros vehículos personales) tendían a ser «un atractivo de verano para jóvenes y turistas» y que se iban a producir enfrentamientos. Hoy sabemos que no sólo entre ciclistas y automóviles, sino también entre ciclistas veloces y peatones atemorizados o ciclistas lentos que se sienten vulnerables. La realidad ha demostrado que quienes van en bici, especialmente los hombres, no tienen más civismo que los que utilizan otros vehículos. De hecho, desde el punto de vista de género no es un sistema igualitario: en Barcelona, el 35% de los usuarios son mujeres y, de ellas, el 51% ha sufrido alguna vez acoso verbal o físico de carácter sexual o de género.

Y, en relación al incivismo, en el 2008 Marc Augé no pudo haber visto aún el fenómeno de la invasión de los patinetes por las calles de París y otras ciudades francesas, dejadas en aceras y esquinas, obstáculos levantados con patinetes recostados o apoyados.

¿UTOPÍA O PROTOPÍA?

En la tercera parte, Marc Augé avanza una utopía de un futuro París lleno de bicicletas y vacío de automóviles en su centro, relegados a aparcar en los límites urbanos. Una utopía sencilla, como *News from Nowhere*, de William Morris (1890). Del retorno a los paseos arbolados y los edificios de piedra (Morris) se pasa a las variopintas bicicletas de todo tipo (Augé). De hecho, la diversidad es inherente al uso de bicicletas: municipales o propias, plegables y transportables, transformadas para pasear a gente mayor, con anexos para llevar infantes o paquetes, como el modelo inventado y producido en Christiania, Copenhague.

En este París utópico —con los vehículos privados segregados en «park and rides» con forma de torres de estacionamiento, tal como imaginó Louis Kahn para Philadelphia en los años cincuenta—, «las potencias petrolíferas tienen cada vez menos clientes y [...] el proselitismo religioso se ahoga. Da la impresión de que el politeísmo ciclista hubiera subvertido el monoteísmo petrolífero», afirma Marc Augé.

Hoy podemos añadir dos consecuencias positivas más. Por un lado, la constatación de la dimensión de cercanía y amabilidad de la bici, próxima a la naturaleza, acoplada al cuerpo de las personas, respetuosa con los ecosistemas. La bici es asequible económicamente y no genera apenas impactos ambientales, como sí ocasionan los coches. Su ritmo y velocidad permiten disfrutar la ciudad y el paisaje, contemplar edificios y parques, árboles, hongos y animales en el camino. Su uso produce una sensación de autonomía y felicidad. Donde predominan, se respira mejor, se perciben los olores y se escuchan

los pájaros. Y, por otro, la dimensión eficiente de la
bici: es el modo de transporte que mejor aprovecha
la unidad de energía consumida por unidad de velocidad generada. Apenas hace ruido, se mueve de manera rápida y versátil y, al mismo tiempo, ocupa muy
poco espacio. Ahora el reto consiste en que, como
escribe Augé, «los científicos están a un paso de descubrir la manera de capturar y trasformar la energía
desplegada por los ciclistas; con este propósito se están construyendo carreteras experimentales especialmente equipadas. Se cree que con ese aprovechamiento se podrían alimentar sectores completos del
campo energético».

En definitiva, la dimensión humanista y
amable se suma a la dimensión de la eficiencia y el
ahorro de una energía que, en este medio, es esencialmente humana.

Lo que propuso Marc Augé se parece más a
lo que Kevin Kelly denominó «protopía», que no es
ni una utopía inalcanzable ni la aceptación de una
condición distópica como nuevo *statu quo*. No se pre-

tende la perfección, sino la voluntad de ir avanzando hacia situaciones mejores, una evolución continua hacia el destino de un progreso incremental, compuesto de pasos, tanto personales como colectivos, hacia el bien común. Algo parecido a las «utopías de bolsillo» que plantearon Colin Rowe y Fred Koetter en *Ciudad collage* (1978). Podemos ver protopías en las superillas y ejes verdes de Barcelona; en la veintena de las denominadas UTOPIAS (acrónimo que significa Unidades de Transformación y Organización para la Inclusión y la Armonía Social) en el municipio de Iztapalapa, en Ciudad de México, conjuntos de muy diversos edificios en un gran parque, con todo tipo de servicios de ocio, aprendizaje, creatividad, sociabilidad, cuidado, igualdad de género o deporte para las clases populares; o, como nos demuestra Marc Augé, en las ciudades que dan prioridad a la bicicleta y a los peatones.

La bicicleta es uno de los grandes símbolos positivos de un futuro ecológico, pero se han de tener en cuenta otros factores determinantes. Debe ir acompañada de una red estructural, diversificada y eficaz de transporte público, así como de la prioridad para los peatones y para las necesidades de la esfera reproductiva y de los cuidados, en las áreas urbanas, plazas y aceras. Es decir, una movilidad sostenible y respetuosa. Que todo ello esté integrado en una comprensión sistémica y que se recuperen las redes de diversidad de los seres vivos. Todo ello sumado, coordinado y en continua mejora es la protopía deseable y por la que luchar.

Josep Maria Montaner

Del recuerdo
a la utopía

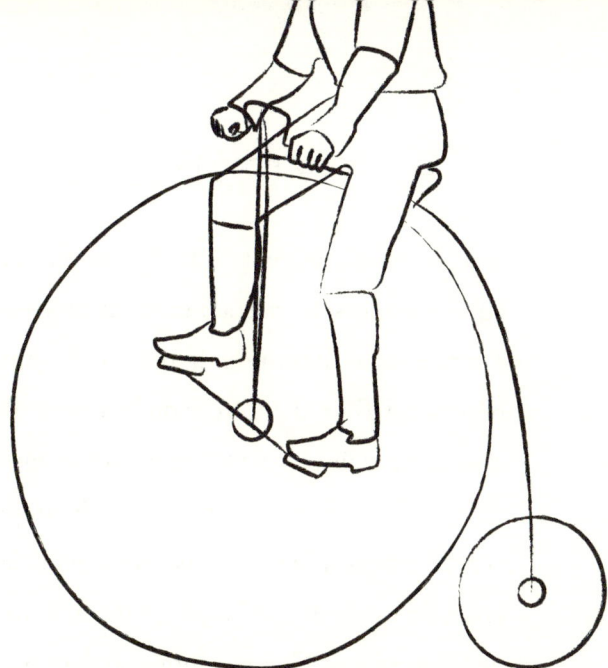

Este libro es una reflexión en torno al recuerdo, el mito y la utopía. En mi adolescencia, el mito era para mí el Tour de Francia y, más concretamente, el ciclista italiano Fausto Coppi, que me fascinaba, porque reunía todos los atributos de un héroe mítico. En 1949, cuando alcanzó su primera victoria, yo tenía trece años; cuando logró la segunda, ya había cumplido los dieciséis. Y cuando Federico Bahamontes, «el águila de Toledo», se impuso en el Tour de Francia de 1959, hacía un tiempo que mi adolescencia había quedado atrás (si bien es cierto que en el corazón de todo ser humano siempre, en algún rincón, late adormecido ese adolescente que alguna vez fuimos). Por aquel entonces, yo ya era menos sensible —o al menos estaba menos atento— a la dimensión mítica de los héroes del Tour, del Giro y de la Vuelta. Para evocar el deporte ciclista y a sus héroes, sólo hago referencia en esta obra a ese breve momento de mi primera juventud en que aún sentía instintivamente la grandeza épica de esa lucha en la que se medían los «gigantes de la carretera». Cuando surgió, Bahamontes mostró espectacularmente todas las cualidades de un héroe de epopeya, pero yo ya no era el mismo. A mis ojos, Anquetil y luego Hinault no fueron más que grandes campeones, no mitos. Ciertamente, el deporte posee una fuerza capaz de obrar el milagro de que el mito renazca, sólo que éste reverdece, eternamente joven, para otras generaciones. Y así, nos enseña a aceptar el paso del tiempo. El mito de antaño adquiere las tonalidades del recuerdo y ese mito del ayer, para mí, como digo, fue italiano. No obstante, si volvemos nuestra mirada hacia el futuro, el mito se reviste con los colores de la utopía. Nuestra juventud ya no re-

tornará y ¡ay! es muy probable que nunca lleguemos
a ver ciudades en las que sólo se circule en bicicleta.
Pero tal vez sí podamos, colectivamente, acercarnos a
ese ideal, así como podemos, individualmente, aproxi-
marnos al pasado apelando a la memoria. En ambos
casos, se trata de intentar rememorar el mito para des-
mitificarlo, y así —si todo sale bien— hacerlo realidad.

Marc Augé

LA BICICLETA,
DEL MITO A LA UTOPÍA

Nadie puede hacer un elogio de la bicicleta sin hablar de sí mismo. La bici forma parte de la historia de cada uno de nosotros. Su aprendizaje remite a momentos particulares de la infancia y la adolescencia. Gracias a ella, todos hemos descubierto un poco de nuestro propio cuerpo, de sus capacidades físicas, y hemos experimentado la libertad a la que está indisolublemente ligada. Para alguien de mi generación, hablar de la bicicleta es pues evocar, fatalmente, muchos recuerdos. Pero esos recuerdos no son sólo personales; están arraigados en una época y en un medio, en una historia compartida con millones de otros. Después de la Segunda Guerra Mundial, el ciclismo, como deporte eminentemente popular, recobró una dimensión épica, particularmente cuando se reinstauró el Tour de Francia. Hoy esta dimensión sobrevive a pesar de la crisis vinculada con las desviaciones del deporte profesional y del *doping*. Esta crisis es grave por múltiples razones, pero sobre todo porque atañe a la memoria íntima y a la mitología personal de cada individuo. Sin embargo, tal vez esta misma razón lo sea también de su resolución, pues los mitos tienen una vida resistente. Y además, la política de la ciudad llega al rescate. En el mismo momento en que la urbanización del mundo condena a que el sueño rural se refugie en el cliché de la naturaleza acondicionada (los parques naturales) o en los simulacros de la naturaleza imaginada (los parques de diversiones), el milagro del ciclismo devuelve a la ciudad su carácter de tierra de aventura o, al menos, de travesía. Desde hace mucho tiempo ese milagro sumaba encanto a ciudades como Ámsterdam o Copenhague y ahora nos encontramos con que los planificadores de nuestras ciudades comienzan, a su vez, a creer en los milagros e intentan, no sin esfuerzos ni torpezas, ponerlos en práctica en dos de las ciudades francesas más congestionadas por el tránsito de automóviles. Tanto en París como en Lyon, dejar bicicletas a disposición de los habitantes o de los turistas casi equivale a obligarlos a verse, a encontrarse, a socializar las calles, a reconstruir lugares de vida y a soñar la ciudad. Pero ya no estamos en el 68. Hoy, cambiar la vida es, en primer lugar, cambiar la ciudad. Hay mucho por hacer y lo que se hizo no siempre está bien hecho. Pero que una utopía haya encontrado su lugar, ya es algo nada desdeñable.

EL MITO VIVIDO

EL MITO Y LA HISTORIA

Empecemos por algunas fechas y algunas referencias. Las citaré sin ordenar con objeto de que aquellos que no fueron testigos puedan entender en parte cómo fue aquel particular momento que se vivió a fines de la década de 1940. Al salir de las peores atrocidades de la historia, al día siguiente de las primeras explosiones atómicas, en vísperas de lo que pronto se denominaría el «equilibrio del terror», en una Europa que, sin embargo, en muchos aspectos no había salido enteramente del siglo XIX, la necesidad de vivir se expresaba como nunca antes. La clase trabajadora existía y —a pesar de todo lo que algunos sabían o deberían haber sabido de las ambigüedades y de los crímenes del campo soviético— creía en el futuro del socialismo. La bicicleta, instrumento indispensable para las personas más modestas, era también un símbolo de los sueños y la evasión: expresaba la ambivalencia de una situación en la que las durezas del presente aún se medían con la vara de las promesas del futuro. *Ladrón de bicicletas* [Ladri di biciclete], de Vittorio de Sica, es de 1948; *Día de fiesta* [Jour de fête], de Tati, de 1949. En ese mismo año Fausto Coppi, campeón mundial de persecución, gana el Giro de Italia y el Tour de Francia. *Ladrón de bicicletas*, obra maestra inaugural del neorrealismo italiano, cuenta las angustias y andanzas de un desocupado de los arrabales de Roma que consigue un empleo consistente en pegar cartelones y que implica el uso de una bicicleta, herramienta indispensable de trabajo que él, sin embargo, ha empeñado días antes en el montepío. Su mujer debe entregar tres pares de sábanas para recuperarla. El filme relata las peripecias del día en que a nuestro desdichado héroe le roban la bicicleta, sus intentos por encontrar al ladrón y cómo luego, expulsado del barrio donde habita el ratero, trata de robar a su vez una bicicleta, cae preso y termina la jornada hundido en la vergüenza y la desesperación. *Día de fiesta* es un filme burlesco que se desarrolla en el marco del ambiente campesino francés. El personaje del cartero que interpreta Jacques Tati no tiene ningún aspecto trágico. Desgarbado, algo torpe, objeto de las burlas amables de quienes lo rodean, es esencialmente mimético. Haciendo el papel del cartero como el camarero de la cafetería de Sartre hacía el papel de camarero, dándose aires de ciclista avezado cuando ve pasar a los participantes de una carrera local donde compiten los jóvenes de la región, sólo existe para la mirada de los demás, pero nadie lo observa verdaderamente. Encarna una forma determinada de soledad y de pobreza, pero en una versión liviana y humorística. Fausto Coppi trabajaba de joven en una tienda de embutidos y entregaba los pedidos en bicicleta, como un poco después entregaría sus panes y cruasanes de la panadería familiar el aprendiz Bobet.

En busca de su sueño de convertirse en un verdadero ciclista de competición, comienza como *gregario* de Gino Bartali antes de llegar a ser el «héroe perfecto» de quien hablará Barthes, el campeón con el que soñarán generaciones enteras porque encarnaba a la vez el coraje, la inteligencia, el buen porte y la desgracia. Coppi pasó, durante algunos años, de las trivialidades del neorrealismo a los esplendores del mito. Mito político, además, pues, comparado con el conservador Gino Bartali, ídolo de los democristianos, Coppi se mostraba como un hijo del pueblo que, apreciado por la prensa de izquierdas, se ganó además la cólera del Vaticano por mantener una romántica aventura adúltera.

En la misma época, toda Francia reía escuchando a Bourvil cantar *En bicicleta* (compuesta en 1947), canción algo picaresca, aceptablemente pueril e inscrita en la tradición «gala» de la comicidad rural, pero en la que reaparecían, de un modo paródico y cómico, todos los «mitemas» de la leyenda ciclista, la bicicleta, el corredor y el Tour de Francia:

«[...] De pronto, ¿a quién veo ante mí?

Una bella muchacha de fresca carita

en bicicleta.

[...]

—¿Es usted corredor?

—No, no soy corredor...

[...]

—¿Ha dado usted la Vuelta? [Le Tour].

—La Vuelta de Francia

no, pero he dado mis *vueltas* [...]».

Para que nazca el mito, hace falta que lo engendre la historia, que las personas puedan reconocer en él la forma trascendida de lo que viven. Así, no nos sorprende que, antes de la guerra, en la época de las vacaciones pagadas, en los años 36, 37 y 38, las bicicletas simples y las dobles invadieran las carreteras de Francia y que, en los años inmediatos a la posguerra, muchos obreros continuaran utilizándolas para ir a sus trabajos: por aquel entonces la bicicleta y los campeones ciclistas eran objeto de una especie de culto popular.

El hecho de que hoy ese culto vacile en Francia, aparentemente más pronto que en otros países de Europa, se debe sin duda a que se ha distendido, si es que no se ha roto ya, el vínculo entre vida cotidiana y mito. La distancia cada vez mayor entre el lugar donde uno vive y el lugar donde trabaja y la utilización sistemática del automóvil han confinado la bicicleta al terreno del deporte y del tiempo libre. Los «velocípedos» surcan las carreteras los domingos; algunos jóvenes aún sueñan con hacer carrera, una carrera de campeón, pero los campeones franceses son cada vez más escasos. El ciclismo en pista que ya, a finales del siglo XIX, cuando Tristan Bernard era director deportivo del velódromo Buffalo, fascinaba a Toulouse-Lautrec (piénsese en su dibujo *Zimmerman y su máquina*), este deporte tan popular antes de la guerra (Arletty, Michel Simon y Fernandel se encuentran precisamente en el Vel'd'Hiv' en *Fric-frac*, el filme de Claude Autant-Lara de 1939) y en la posguerra inmediata, particularmente con la carrera de los Seis Días, ya no es un espectáculo de moda en nuestra sociedad que, sin embargo, es tan aficionada al espectáculo. La «reinita»[1] ya no es lo que era. París-Roubaix y el Infierno del Norte fueron perdiendo su aura al mismo tiempo que perecían las actividades industriales en el norte de Francia. Burdeos-París desapareció en 1988. Las competiciones regionales como la Vuelta del Oeste hace mucho tiempo que desaparecieron, cuando hubo una época en la que ni los corredores más prestigiosos desdeñaban participar y brillar en ellas. En Francia, por lo menos, ya nadie se interesa por los grandes clásicos como Lieja-Bastogne-Lieja, Milán-San Remo o el Giro de Lombardía. Si bien el Tour de Francia aún convoca a las multitudes, las restantes competiciones distan mucho de haber conservado —en el país de Bobet, de Anquetil y de Hinault— el prestigio que tenían hace sólo algunas décadas; un fenómeno que no se repite en los países nórdicos ni en Italia ni en España, donde el uso popular, cotidiano y funcional (asociado a las activi-

1. *Petite reine*: denominación popular de la carrera de los Seis Días en Francia. [N. del E.]

dades profesionales) de la bicicleta se ha mantenido con mayor fuerza que en Francia. La razón de que los franceses ya no ganen carreras es que, en Francia, el mito decae y no al revés. Sin embargo, aún queda el Tour de Francia. La Vuelta ha ocupado un lugar tan importante en el imaginario de los franceses hasta la década de 1980 que incluso los que hoy están en la treintena sufrirían un verdadero trauma si las amenazas que pesan sobre el Tour de Francia se hicieran realidad y la gran carrera, al desaparecer, se llevara consigo una parte de la mitología personal de esos jóvenes. Como el mito es también una cuestión de palabras, podemos estar seguros de que, en parte, se transmite de generación en generación a lo largo de las etapas del Tour y que, en caso de que dejara de disputarse, hará falta tiempo para borrarlo de la memoria colectiva. El Tour de Francia, con sus ilusiones, es un «lugar de la memoria» por excelencia.

Después de la guerra, yo era ya bastante mayor para ir solo a la peluquería («Raya a la izquierda y bien despejado detrás de las orejas», recitaba yo escrupulosamente), donde me abandonaba a los placeres prohibidos: la lectura de las revistas de deportes, *But* y *Miroir Sprint*. Esta última había aparecido en 1949. Era un semanario con inclinación por la izquierda y el Partido Comunista. *But et Club* fue creada en 1947 por Gaston Bénac, con la colaboración de Félix Lévitan, periodista deportivo que, en 1951, llegaría a ser director del *Parisien Libéré*, co-organizador del Tour de Francia. Ese mismo año, *But et Club* recibió en su seno a *Le Miroir des Sports*, cuya publicación estaba prohibida desde 1944 porque el periódico había aparecido durante la ocupación. *Le Miroir des Sports* fue, primero, el subtítulo del título *But et Club* pero, a partir de 1956, pura y sencillamente, lo reemplazó. El objetivo confeso de aquel retorno era contrarrestar la influencia del *Miroir Sprint* pero ambos semanarios ya habían desaparecido en 1968 cuando, en el terreno de las imágenes, se hizo muy difícil competir con la televisión. Todas estas consideraciones históricas y políticas no estaban a mi alcance cuando, alrededor de 1950, yo sumergía la nariz, en el salón del peluquero, en esas revistas llenas de fotografías en las que descubría las caras de los corredores de pista de los Seis días o de mis héroes de leyenda, desde Robic a Coppi.

En Bretaña, donde transcurrían mis largas vacaciones, la bici era popular, por así decirlo. Los pescadores de mar llegaban a los puertos de la región pedaleando; todas las mañanas y todas las tardes sus mujeres se dirigían a las fábricas de conservas o volvían de ellas, aunque lloviera o el viento soplara fuerte, a bordo de sus bicicletas. Las idas y venidas de unos y otros puntuaban los días. Mis itinerarios, en la bicicleta azul que me había regalado mi abuelo, eran más caprichosos pero, en el mes de julio, todas las tardes, alrededor de las cuatro o las cinco, me detenía ante la cafetería de la plaza de la iglesia; el cantinero colgaba en la puerta una pizarra donde había escrito los nombres de los tres primeros de la etapa del día y los tres primeros de la clasificación general. Aquel fue el momento, entre 1949 y 1952, en que mi admiración por Coppi y mi entusiasmo ante el anuncio de su victoria me libraron definitivamente de todo chauvinismo. Nunca un campeón francés, ni siquiera Bobet (que ganó el Tour de Francia en 1953), suscitó en mí la admiración infinita que me inspiraba Coppi.

Es muy natural que uno piense en *La Ilíada* y en *La Odisea* cuando se acuerda del Tour de Francia. Y más en la *Ilíada* que en la *Odisea* porque lo que llama la atención son los combates cotidianos de los héroes. Yo viví esta epopeya sin percibirme de su condición de tal, una epopeya que encontraba, por supuesto, un alimento y un vocabulario en la prensa que yo leía fervientemente por la mañana. En realidad, «la prensa» es una manera de decir, me refiero al *Télégramme*, único periódico que, junto con el *Ouest-France*, llegaba al pueblecito de mis abuelos. Yo despreciaba a los que corrían «chupando rueda» a su predecesor; siempre temía que, a la manera de Van Steenbergen, el rey de los *sprinters*, durante un campeonato del mundo le robaran la victoria a mi favorito. Admiraba a Magni, el calvo de gran frente, el príncipe del descenso, pero prefería a los escaladores de los pasos de montaña. Creía en los «jueces de paz» (como se llamaba a los pasos más altos de los Alpes) como se cree en la Justicia. Las bufonadas de Zaaf, la «linterna roja», me hacían reír hasta llorar.

En sus *Mitologías*, Roland Barthes ha analizado magníficamente las figuras retóricas mediante las cuales la prensa y la radio naturalizaban a los hombres y humanizaban la naturaleza en sus reportajes, con lo cual contribuían a darles un carácter épico. Pero el análisis de Barthes es estrictamente semiológico y contemporáneo del acontecimiento. Hace aproximadamente cuarenta años —hacia 1955— que Barthes se interesó en los retratos de los héroes del momento que le proponían la prensa y la radio. Y aquel momento fue precisamente el del gran equipo de Francia (con los hermanos Bobet, los hermanos Lazaridès, Geminiani y Antonin Rolland, fieles veteranos, y también con André Darrigade, la liebre de las Landas, casi siempre imbatible en la última línea derecha); fue un momento apenas posterior —pero con todo posterior— al que me había inspirado emo-

ciones inolvidables, pues el reinado de Bobet suce-
dió inmediatamente al de Coppi. Barthes no inte-
gra, pues, la dimensión temporal en su evocación y
no nos dice (ése no es su propósito) si recuerda las
Vueltas de Francia de preguerra, los *Tours de France*
de su infancia. Sin embargo, nosotros podemos recobrar esta dimensión temporal leyéndolo hoy, pues
la mitología del Tour ya no es la que él descortezaba
delicadamente aun cuando, a la manera de un fantas-
ma, esa mitología continúa viva en la imaginación de
muchos de los que todavía se obstinan en ver pasar
a los corredores de la Gran Vuelta alentándolos con
ademanes y exclamaciones.

Antes de abandonar el Tour de Francia, que
indudablemente es la prueba ciclista más famosa del
mundo, debo decir que, a mi entender, sus organiza-
dores han perdido el tren de Europa o, más concretamente, que dan de la carrera una imagen comercial
de la que, desgraciadamente, se puede sospechar que
no se corresponde con algunos aspectos de la realidad. En efecto, es paradójico que, en un momento

en que se habla tanto de Europa, el deporte ciclista ya no sea el apoyo popular de la geografía regional, nacional y europea. En resumen, el reemplazo de los equipos nacionales o regionales (recordemos que, en la década de 1950, el ciclismo francés eran tan rico que podía alinear a varios equipos regionales en el Tour de Francia) por equipos de marcas ha determinado el triunfo de la sociedad de consumo. El Tour de Francia pasó directamente de la dimensión nacional a la mundialización comercial, soslayando la dimensión europea. Los equipos regionales y nacionales desaparecieron en 1961, a pesar de un efímero retorno de los últimos, en 1967 y 1968. Para dar a entender que el Tour de Francia tiene una dimensión europea, desde 1947, en dieciséis ocasiones se fijó la partida en uno de los países que limitan con Francia; la primera ciudad de partida alejada del Hexágono fue Ámsterdam, que vio iniciar el Tour en 1954. Pero nunca se pensó en preparar un equipo europeo o varios, en relación con los cuales los equipos nacionales habrían desempeñado el papel que antes cumplían los equipos regionales y que habrían podido enfrentarse a los equipos de América del Norte y del Sur, de Asia o de Australia. Lo cierto es que los intentos de hacer una vuelta ciclista de Europa se malograron, como si el deporte ciclista, a causa de su dimensión popular, hubiese sido un revelador de las dificultades políticas. De modo que el mito del ciclismo se encuentra separado de su dimensión política por dos flancos: la bicicleta ya no cumple la misma función en las capas populares y el deporte ciclista, a pesar de las notables e inteligentes intervenciones de la televisión, contribuye cada vez menos a nutrir el imaginario geográfico, nacional y político. Un deporte sin lugares, ¿tiene aún su lugar? ¿Tiene razón de ser?

EL DESCUBRIMIENTO DE UNO MISMO

El mito es más fuerte si encuentra eco en la experiencia de aquellos a quienes se les ha relatado. En Bretaña, todos los adolescentes de la década de los cincuenta se entrenaban en la carrera corta y veloz *(sprint)*, se hacían los listos soltando el manillar en el llano y en las bajadas o se paraban sobre los pedales para escalar las cuestas más empinadas; en suma, hacían como si sus bicis corrientes fueran los engalanados velocípedos de carrera. En resumen, como el cartero de *Día de fiesta*, pero tomándose un poco más en serio. Como el adolescente que en *Las vacaciones del señor Hulot* [Les vacances de M. Hulot, 1951] desfila con ingenua suficiencia bajo el balcón de la joven parisiense que está de vacaciones en el lugar. Con ese filme, de 1951, Jacques Tati daba a los adolescentes masculinos de la época una bonita y saludable lección de humorismo. El mismo humorismo y la misma ternura que encontramos dieciséis años después, en 1967, en la canción de Pierre Barouh y Francis Lai que cantaba Yves Montand, *En bicicleta*. En aquel momento, muchas generaciones se vieron reflejadas en aquella canción, pues encontraban en ella, reales o soñados, recuerdos de su adolescencia:

«Cuando partíamos bien temprano por la mañana.

Cuando partíamos por los caminos, en bicicleta [...]»

Pero ni el humor ni la ternura hubieran podido ejercer su encanto con tanta eficacia si, para esos adolescentes de los años treinta, cuarenta y cincuenta, el uso de la bicicleta no hubiera representado primero una extraordinaria experiencia de libertad.

El primer pedaleo constituye la adquisición de una nueva autonomía, es la escapada, la libertad palpable, el movimiento en la punta de los dedos del pie, cuando la máquina responde al deseo del cuerpo e incluso casi se le adelanta. En unos pocos segundos el horizonte limitado se libera, el paisaje se mueve. Estoy en otra parte, soy otro y sin embargo soy más yo mismo que nunca; soy ese nuevo yo que descubro.

Cuando me pongo a pensar en mis primeras escapadas ciclistas me doy cuenta de que eran muy prudentes y modestas, pero nada de eso importa: desde el día en que me fue otorgada la autonomía del velocípedo, mi territorio se amplió maravillosamente. En Bretaña, los pocos kilómetros ganados gracias a mi bici me abrían nuevos mundos: de un lado, el mar (las playas a través de los caminos secundarios, el puerto de pescadores por la carretera nacional); del otro, el campo y los bosques (la aventura de recolectar champiñones desde finales de agosto). Ese cuerpo a cuerpo con el espacio era una práctica inédita y exaltante de soledad. Ese cuerpo a cuerpo conmigo mismo era una experiencia íntima: estaba haciendo el aprendizaje de mis posibilidades y mis límites; con la bici no se puede hacer trampa. Toda presunción excesiva recibe su inmediata sanción; mi sistema de cambios sólo tenía tres velocidades, pero tuve que aprender a utilizar las tres para no detenerme en la empinada cuesta que había que escalar con valentía, al regresar, si uno quería evitar la vergüenza de entrar en el pueblo empujando su bicicleta a mano. Aprendí a aprender, me discipliné y cuando, al final de las vacaciones, logré subir hasta la plaza de la iglesia en tercera y sin pararme en los pedales, supe que me había hecho más fuerte.

Se sabe que una vez que uno aprendió a andar en bicicleta, como a nadar, ya no lo olvida. Pero hay algo más. El conocimiento progresivo de uno mismo al que corresponde el aprendizaje de la bici deja huellas inolvidables e inconscientes. Hay aquí una paradoja que le da su originalidad: la paradoja del tiempo y de la eternidad, si se quiere. Los jóvenes que montan una bicicleta viven la experiencia conquistadora de su cuerpo. Es una experiencia de conquista porque esos jóvenes están, como se suele decir, en la flor de la edad. Más o menos fornidos, más o menos veloces, más o menos talentosos, todos son, en principio, vigorosos y se miden con el relieve del espacio proyectándose en él; saben que hay momentos en que pueden hender el aire con mayor vigor y entonces sienten la sensación de «tener el mundo bajo sus pedales», por así decirlo. Esta sensación se borra con el uso y desaparece en algunas horas para dar lugar a la fatiga. También se hace más rara con la edad, sobre todo cuando a uno le falta entrenamiento. En este sentido, montar en bicicleta es aprender a administrar el tiempo, tanto el tiempo corto del día o de la etapa, como el tiempo largo de los años que se acumulan. Y sin embargo (y aquí está la paradoja), la bicicleta también es una experiencia de eternidad. De alguna manera se asemeja a la experiencia que se tiene en la playa cuando el que se tiende sobre la arena y cierra los ojos experimenta la sensación de reencontrarse con su infancia o, más exactamente, con las sensaciones que, al no tener edad, escapan a la acción corrosiva del tiempo. Lo mismo le ocurre a quien, con cierta timidez al comienzo, se arriesga a montar una bicicleta después de varios años de abstención: no sólo «recupera sus sensaciones» casi de inmediato, según la expresión que utilizan los deportistas para designar la conciencia que adquieren de su cuerpo y de sus capacidades en cuanto retoman el entrenamiento, sino que, sobre todo, junto con ellas redescubre muy pronto un conjunto de impresiones (la exaltación del descenso con rueda libre, el sonido del asfalto bajo los neumáticos, la caricia del aire en la cara y la lente en movimiento del paisaje) que parecían estar esperando esa ocasión para renacer.

EL DESCUBRIMIENTO DE LOS OTROS

Con el pretexto falaz de mantenerse en forma, muchas personas de cierta edad montan sus bicicletas, no diariamente y de manera solitaria, sino en grupo, los domingos y, eventualmente, vistiendo los mismos trajes que los profesionales del deporte, como si sintieran placer o tuvieran algún interés en alabar los méritos de un banco europeo, una compañía de crédito o un operador telefónico. En realidad juegan, pues su verdadera intención es, antes bien, recuperar los placeres de la infancia y las complicidades de los niños. Se ponen apodos y se burlan unos de otros. Se comparan en broma con los campeones del momento, haciéndose así menores que esos jóvenes atletas mediante una artimaña simbólica cuyo carácter artificial pueden medir en cada intento de aceleración. Acarician conscientemente la ilusión de seguir siendo jóvenes y, por eso mismo, continúan siéndolo un poco. La bici se vuelve, por tanto, un componente de la vida social de la tercera edad en las provincias francesas. Esta camaradería de los viejos tiempos, entre jubilados, tiene un matiz amable y a la vez heroico porque es una afirmación contra el envejecimiento y la muerte. Por lo demás, ofrece la ocasión de practicar una solidaridad activa y cultivar el contacto entre generaciones, pues los grupos de ciclistas de uno y otro sexo siempre incluyen a algunos participantes de menos edad que los demás y que desempeñan el papel de mentores discretos que se esfuerzan por no hacer sentir excesivamente a sus compañeros su superioridad muscular.

De modo que la embriaguez de la soledad no excluye ciertas formas de sociabilidad, y creo que ahí estriba una de las virtudes perdurables del ciclismo. Ya en la leyenda de los grandes del ciclismo, nos emocionaban algunos pocos gestos de solidaridad entre héroes que no debían nada a la disciplina de equipo (Coppi y Bartali prestándose mutuamente sus cantimploras de agua en una terrible etapa de los Pirineos; Coppi dejando ganar caballerosamente a Bartali el día en que éste cumplía 35 años). Entre ciclistas, en el nivel más humilde, existe la conciencia de una solidaridad elemental, la conciencia del esfuerzo y el momento compartidos, un sentimiento exclusivo que los distingue de todos los demás y que les corresponde únicamente a ellos. Sólo cito como prueba la amabilidad manifestada hoy, en París, por quienes tienen ya cierta experiencia de cómo operar en el sistema de alquiler de bicicletas Vélib' frente a los neófitos tímidos que se quieren sumar a los usuarios. Alrededor de las terminales donde los novatos se afanan por comprender cómo deben inscribirse, los más experimentados les ofrecen de buena gana sus consejos y explicaciones. Allí se borra la jerarquía de las edades o hasta se invierte: los más jóvenes, al haber sido, en general, los primeros en entusiasmarse con la novedad, se sienten orgullosos de cierta competencia técnica, tanto en relación con el dispositivo electrónico que lleva el registro de los abonos

como respecto a la manipulación de la bicicleta misma, máquina simple pero un poco pesada que hay que aprender a seleccionar, a retirar, a estacionar o a devolver. Hombres y mujeres que ya han experimentado el sistema se muestran dispuestos a ayudar a los recién llegados, un fenómeno muy novedoso en una ciudad donde no es muy común que alguien se relacione con desconocidos.

Por consiguiente, hay que dar a la bicicleta el crédito de la reinserción del ciclista en su individualidad propia, pero también la reinvención de vínculos sociales amables, livianos, eventualmente efímeros, pero siempre portadores de cierta felicidad de vivir. Por otra parte, hay sin duda una relación entre el redescubrimiento de cierta presencia de uno mismo y el descubrimiento de la presencia de los otros. El hecho de que la práctica del ciclismo, aun cuando sea episódica, ofrezca la ocasión de experimentar algo semejante a una identidad (cierta permanencia en el tiempo) permite prestar atención al prójimo (una forma de espera, una apertura a lo que pueda suceder). Veamos en las calles a los conversos recientes del ciclismo: hablan entre sí (sobre el itinerario, el paisaje o el tiempo) o se desplazan juntos en silencio, pero nunca (o casi nunca) usan su móvil. El espectáculo que ofrecen está en las antípodas de la escena clásica que observamos hoy cotidianamente en la terraza de cualquier café: dos personas sentadas a la misma mesa, pero manteniendo largas conversaciones con interlocutores invisibles por sus respectivos teléfonos. Hoy las calles, los cafés, los subterráneos y los autobuses están colmados de fantasmas que se inmiscuyen sin cesar en la vida de las personas a las que rondan; las manejan a distancia y les impiden, no sólo observar el paisaje, sino también interesarse en sus vecinos de carne y hueso. Pero de momento esos fantasmas no han aprendido a montar en bici. Los ciclistas han optado por la relación directa y, durante un tiempo, se niegan a recurrir a los medios. ¡Ojalá que dure!, tiene uno ganas de exclamar. ¡Ojalá pueda la bicicleta llegar a ser el instrumento discreto y eficaz de una reconquista de la relación y del intercambio de palabras y de sonrisas!

LA CRISIS

La bicicleta es, pues, mítica, épica y utópica. Uno sólo puede dedicarse a su práctica prestando una atención sostenida al presente, aunque sólo sea a causa de los riesgos de la circulación, pero la bicicleta constituye el núcleo de relatos que resucitan simultáneamente la historia personal individual y los mitos compartidos por muchos; estos dos pasados son solidarios y confieren una tonalidad épica a los recuerdos individuales más modestos. Como siempre, la clara conciencia del pasado nutre la imaginación del futuro. La bicicleta llega a ser, así, el símbolo de un futuro ecológico para la ciudad del mañana y de una utopía urbana que terminaría reconciliando a la sociedad consigo misma. Pero el mito, la epopeya y la utopía exigen un poco de fe; la prueba de la historia real es una prueba dura que los somete incesantemente al riesgo de la nostalgia, ese triste refugio de los decepcionados de la vida. La bicicleta, símbolo de una clase obrera ya desaparecida, de desafíos deportivos que hoy no tienen equivalentes y de una vida urbana soñada, ¿no corre el riesgo, en la realidad concreta del mundo globalizado, de convertirse en el instrumento fantasmático de la negación, en el pretexto de una vida social sometida únicamente a los imperativos del consumo, en una palabra, en la última ilusión?

EL MITO EN RUINAS

¿Se muere el mito y mueren con él todas las formas épicas a las que estaba asociado? El ciclismo, como el deporte profesional en general, ha progresado. No hay duda de que los corredores actuales son mejores atletas que sus predecesores (como ocurre en otros deportes, como el rugby o el tenis, por ejemplo). Pero el espectáculo que proponen no está a la altura de los que ofrecían sus antecesores. Coppi podía recobrarse de un retraso de más de un cuarto de hora en dos etapas de los Alpes. Hoy, un equipo de buenos corredores puede bloquear toda la carrera, reducir a la nada los intentos de escapada e imponer en todas las etapas de terreno llano un desarrollo casi idéntico que se resume en algunos intentos de separación del resto del pelotón, el éxito momentáneo de uno de ellos, el regreso al pelotón y la aceleración general de donde emergen los más veloces. En el Tour, la montaña siempre desempeña un papel decisivo, pero ya no corren los tiempos de las grandes hazañas solitarias; en la montaña, la carrera se transforma en una competencia por eliminación donde se juega al desgaste, en la que el «sacrificio» de los compañeros de equipo, pagados para eso, cumple una tarea esencial de socavación: es raro que un mismo corredor brille solitariamente en dos etapas consecutivas.

En otras épocas se ponía en juego una dramaturgia cuyas dos instancias esenciales eran la inspiración sublime y el decaimiento trágico de los héroes, dramaturgia que mantenía y vivificaba el mito. Como en *La Ilíada*, los héroes más vulnerables, los héroes con un talón de Aquiles, eran los más fascinantes: Fausto Coppi y Charly Gaul, más que Bobet o Anquetil. Barthes ha mostrado en qué medida se asociaban, en la representación del público, el estado de gracia y el estado de desgracia, próximos uno del otro. Recordemos lo que decía del *jump* de Gaul, el arcángel del rendimiento irregular: si la *forma* es un estado natural, físico y a la vez moral e intelectual, el *jump*, por su parte, es «un verdadero influjo eléctrico que embarga intermitentemente a ciertos corredores amados por los dioses y les hace cumplir proezas sobrehumanas». Charly Gaul «recibe su *jump* de un acuerdo intermitente con los dioses; a veces éstos lo habitan y Gaul maravilla; a veces los dioses lo abandonan y el *jump* se agota. Charly no puede más».

Hoy nadie habla ya del *jump*. Y con razón: es demasiado sospechoso, así como el debilitamiento que le suele suceder. La revelación del *doping* mató a los héroes; impide creer en ellos, mata el mito. Barthes ya lo advirtió claramente en 1957: «Hay una espantosa parodia del *jump*; es el *doping*: drogar al corredor es tan criminal y tan sacrílego como querer imitar a Dios; es quitarle a Dios el privilegio de la chispa». Pero hoy ya no hay nada que robar a los dioses y nadie osaría hablar del *jump* de los últimos vencedores del Tour de Francia. El mismo empleo de drogas apunta menos a lograr momentos de esplendor, sospechosas aceleraciones, que a asegurar el mantenimiento de la *forma*, pero una forma excepcional que permite producir todos los días esfuerzos prodigiosos sin que ello implique realizar acciones particularmente espectaculares. De pronto, la sospecha se generalizó y ya no hubo héroes míticos. Cabría decir, amablemente, que el espectáculo del Tour se ha laicizado, pero sería más apropiado afirmar que se ha medicalizado. Y ésta es la vía por donde se hiere al mito; se puede aceptar, en efecto, que al principio los jóvenes corredores aficionados de las regiones industrialmente devastadas no vean en el ciclismo un medio de alcanzar la holgura económica —lo que siempre ha sido una atracción de los grandes deportes populares—, pero (y éste es el aspecto más dañino) no que admitan al mismo tiempo y sin demasiadas reticencias que recurrir al *doping* ha llegado a ser una fatalidad inevitable.

Ya en las décadas de 1940 y 1950 había problemas de *doping*. Muchos corredores fueron víctimas de esa práctica y el mismo Coppi declaró ante la prensa que había mucha hipocresía, tanto entre los atletas como entre los periodistas, cuando ésta se negaba. Era habitual recurrir a las anfetaminas. Por otra parte, era una época en la que, en todas las esferas, incluidas la de los intelectuales y la de los estudiantes, se recurría a drogas de todo tipo: Maxiton, Corydrane, Actiphos anfetaminado, fácilmente prescritas por los médicos de familia. Pero el *doping* de hoy es de una naturaleza muy diferente y por ello golpea con tanta fuerza la imagen del cuerpo heroico y glorioso vinculada a la idea del campeón. Ingerir, fumar, hacerse inyectar sustancias o cambiarse la sangre como uno cambia de camisa: nada de esto puede suscitar representaciones equivalentes en la imaginación del público. El *doping* actual, tal como se lo puede representar un profano, es más que un aditamento a las capacidades del cuerpo, es una verdadera sustitución de sustancias que se opera vergonzosamente, en la clandestinidad de las bambalinas de la proeza. Lo que se opone de manera antinómica a la idea que se tenía —y que querríamos continuar teniendo— del héroe es, pues, la imagen de la manipulación que lo transforma en un ser puramente pasivo, en un objeto, pero también la imagen de la intrusión en la intimidad de su persona, ya sea en el momento del *doping*, ya en el momento del control, cuando se le exige una muestra de sangre o de orina. Esta intrusión vulnera su misma identidad: como si hoy todo historial deportivo halagador tuviera inexorablemente que proceder de una falta en la persona. Esta perversión del heroísmo deportivo ya se había empezado a manifestar con la aparición de los equipos de marcas, que transformaban a los corredores en hombres sándwich, en meros soportes publicitarios; el *doping*, en su forma sistemática, consigue transformar a los corredores en instrumentos pasivos de estrategias comerciales. Por supuesto, las empresas que los emplean los repudian cuando el «deshonor» queda puesto en evidencia y buscan rápidamente otros soportes para su producto, pero con ello confirman que, a pesar de todo, es más difícil fabricar mitos con marcas que con naciones o provincias. Desde que el corredor ya no compite por su país, el apoyo nacionalista y gustosamente patriotero del público se concentra más en el individuo, precisamente cuando éste queda despersonalizado por las técnicas de la mercadotecnia y las iniciativas de la «medicina deportiva». Fin del mito, muerte de la epopeya.

Fin del mito, pero aún nos quedan algunos recuerdos de él (como esas imágenes del Frente Popular y de las primeras vacaciones pagadas durante las cuales algunos partían en bici o en tándem

por las carreteras de Francia). Muerte de la epopeya, definitivamente proyectada al pasado, pero
supervivencia, sin embargo, del deseo, del deseo
del mito y de la epopeya, siempre dispuesto a renacer al menor intento de despegue en las montañas
de la frágil silueta que enfocan las cámaras de la
televisión. La imagen, por un instante, resucita
la leyenda. Alternando los primeros planos, que
permiten escrutar con detalle la menor crispación
del rostro, y las visiones panorámicas, que descubren
para el espectador la inmensidad de los grandio-
sos paisajes, el reportaje televisado en directo continúa poniendo imperturbablemente en escena el
momento de que hablaba Barthes. Ese momento es el instante frágil de la Historia «en el que el
hombre, hasta torpe, engañado, mediante fábulas
impuras, prevé de todos modos, a su manera,
una adecuación perfecta entre él mismo, la comunidad y el universo». El mito y la epopeya tal vez aún
se nutran del deseo que suscitan y que no dejan
de frustrar.

LA URBANIZACIÓN DEL MUNDO:
EN BUSCA DE LA CIUDAD PERDIDA

¿Y la utopía? Transformar la ciudad, ¿es un sueño concebible? Y la bicicleta, ¿tiene un papel protagonista en esa revolución? Porque evidentemente estamos hablando de una revolución, en el sentido literal, cuando hablamos de transformar la ciudad. ¿Qué es hoy la ciudad?

La urbanización del mundo se caracteriza por el crecimiento de los «megapolos» y, al mismo tiempo, por los «filamentos urbanos», para retomar una expresión de Hervé Le Bras, que se extienden cada vez más a lo largo de las carreteras, los ríos y las costas. Esta urbanización traduce el hecho de que hoy la vida política y económica del planeta depende de los centros de decisión situados en las grandes metrópolis mundiales, todas interconectadas entre sí y que, juntas, constituyen una especie de «metaciudad virtual», como dice Paul Virilio.[2] El mundo se

2. *La bomba informática*, Cátedra, Barcelona, 1999.

ha transformado en un mundo/ciudad en cuyo interior circulan y se intercambian todas las categorías de productos, comprendidos los mensajes, las imágenes, los artistas y las modas. Pero también es verdad que cada gran ciudad es un mundo, un resumen del mundo, con su diversidad étnica, cultural, social y económica. Aunque a veces, ante el espectáculo fascinante de la globalización, tal vez tendamos a olvidar su presencia, las divisiones están y las reencontramos en las rasgaduras del tejido urbano. La ciudad/mundo, por su sola existencia, desmiente las ilusiones del mundo/ciudad. En los barrios de negocios, los edificios conocidos en todo el mundo por ser creaciones de los más destacados arquitectos se caracterizan por estar en comunicación con el resto del planeta pero, allí donde están emplazados, tienen prohibido el acceso quienes no trabajan en ellos. En el encuentro entre el mundo/ciudad y la ciudad/mundo, uno puede tener la sensación de que la ciudad como tal ha desaparecido. Ciertamente, lo urbano se extiende por todas partes, pero los cambios en la organización del trabajo y las tecnologías que, a través de la televisión y de Internet, imponen a cada individuo la imagen de un centro desmultiplicado y omnipresente, privan de toda pertinencia a las oposiciones del tipo ciudad/campo y urbano/no urbano.

La oposición entre mundo/ciudad y ciudad/mundo es, por así decirlo, la traducción espacial visible de la globalización concebida como el conjunto planetario de los medios de circulación y de las redes de comunicación y de distribución. Paul Virilio hacía notar en *La bomba informática* que los estrategas del Pentágono estadounidense consideraban este conjunto *global* como el interior de un mundo en el que lo *local* terminaba siendo lo exterior. Pero esta inversión aún es más general y la gran ciudad se define en nuestro tiempo por su capacidad para volcarse hacia el exterior. Por un lado, primero quiere seducir a los turistas extranjeros. Por el otro, el urbanismo está gobernado por la necesidad de facilitar el acceso a los aeropuertos, a las estaciones terminales y a los grandes ejes viales. La facilidad de acceso y de salida es el imperativo número uno, como si el equilibrio de la ciudad reposara en sus contrapesos exteriores. La ciudad se descentra como se descentran las viviendas y los hogares con la televisión y el ordenador y como se descentrarán los individuos cuando los móviles sean además ordenadores y televisores. Lo urbano se extiende por todas partes, pero hemos perdido la ciudad y al mismo tiempo nos perdemos de vista a nosotros mismos. Ante este panorama, es posible que a la bicicleta le corresponda un papel determinante: ayudar a los seres humanos a recobrar la conciencia de sí mismos y de los lugares que habitan invirtiendo, en lo que le corresponde a cada uno, el movimiento que proyecta a las ciudades fuera de sí mismas. Necesitamos la bicicleta para ensimismarnos en nosotros mismos y volver a centrarnos en los lugares en que vivimos.

Así, lo que está en juego cuando hablamos de recurrir a la bicicleta no es algo menor. Se trata de saber si, frente al auge de un urbanismo galopante que amenaza con reducir la ciudad antigua a una concha vacía, con transformarla en decorado para los turistas o en museo al aire libre, es posible restituirle algo de su dimensión simbólica y de su vocación inicial de favorecer los encuentros más imprevistos. Se trata, sencillamente, de devolver sus cartas de nobleza al azar, de comenzar a romper las barreras físicas, sociales o mentales que anquilosan la ciudad y de devolver el sentido a la bella palabra «movilidad».

¿SALIDA DE LA CRISIS?

Desde este punto de vista, la operación Vélib' aparenta ser todo un éxito. En primer lugar, hace honor a su nombre (la conjunción de bici y libertad) y al haber multiplicado, en todos los rincones de París, las estaciones donde es posible tomar o devolver una bicicleta, efectivamente, da cierta libertad a los usuarios. Partiendo de esta iniciativa, con un poco de imaginación uno hasta se siente tentado de soñar con una ciudad en la cual todos pudieran tomar, a su gusto, cualquier bicicleta en la calle, dejarla en cualquier parte y, poco después, tomar otra; de soñar con una suerte de comunismo urbano para jinetes de la bicicleta, hombres y mujeres unidos por una ética común y reglas de cortesía unánimemente respetadas. En agosto de 2007 se esbozó en las calles de París, al ritmo del pedaleo, algo que se parecía bastante a una utopía. En segundo lugar, la arremetida de los usuarios de bicicletas alquiladas ha permitido a éstos reapropiarse manifiestamente del espacio urbano. Los paseantes de París, los *flâneurs* —esa especie que se podía suponer en vías de desaparición—, reaparecían, pero montados en bicicleta; los nuevos paseantes, con el viento en las narices, evidentemente hacían un descubrimiento doble: se daban cuenta, maravillados, de que la ciudad está hecha para ser vista (vista directamente, sin la mediación de un aparato fotográfico ni de una cámara), de que es bella hasta en sus calles más modestas y de que es fácil y agradable recorrerla. A quienes se arriesgan a utilizar la bicicleta por primera vez en la ciudad se les ofrece una experiencia inédita que les permite reevaluar las distancias y hacer acercamientos que les están vedados en el transporte público, sujeto a itinerarios fijos. En bicicleta hay más cambios y más correspondencia. Uno se desliza subrepticiamente por otra geografía, eminente y literalmente *poética*, puesto que ofrece la posibilidad del contacto inmediato entre lugares que habitualmente uno sólo frecuentaba por separado y, además, porque así se presenta como una fuente de metáforas espaciales, de acercamientos inesperados y de atajos que no dejan de suscitar, a fuerza de pantorrillas, la curiosidad reavivada de los nuevos paseantes. En unas pocas pedaladas, uno puede pasar de Montparnasse a la Torre Eiffel, atravesar el Sena, detenerse sobre un puente para abrazar largamente con la mirada la Île de la Cité o la frondosidad de las Tullerías, lanzarse al norte, perderse en las estrechas callejuelas del París romántico, volver a hundirse en la Bastilla y el Marais, dirigirse hacia el bosque de Vincennes, que no está tan lejos, o regresar a Montparnasse, para cerrar el circuito. Ésa es la nueva libertad, la nueva libertad de inspiración, que ofrece el uso de la bicicleta. La bici es una escritura, con frecuencia una escritura libre y hasta salvaje, una experiencia de escritura automática, de surrealismo en acto o, por el contrario, una meditación más construida, más elaborada y sistemática, casi experimental, a través de los lugares previamente seleccionados por el gusto refinado de los eruditos.

Otro ejemplo notable es el de Barcelona, una ciudad comprometida desde los Juegos Olímpicos de 1992 con un modelo de desarrollo urbanístico sostenible ecológicamente cuyo objetivo es conseguir una movilidad urbana fundamentada en el desplazamiento a pie y en transporte público y en el uso de la bicicleta como modo habitual de locomoción. Desde su puesta en marcha en 2007, el *Bicing* –un sistema de alquiler de bicicletas análogo al Vélib' parisino– ha ganado en muy poco tiempo la confianza y entusiasta aceptación de los barceloneses. Los datos de crecimiento son ciertamente espectaculares: en tan sólo dos años se ha pasado de 14 estacio-

nes y 200 bicicletas a una red de 400 estaciones y
6.000 bicicletas, un servicio que cubre prácticamen-
te la totalidad de los distintos distritos de la ciudad.
Es más: la EMT (Entidad de Transporte Metropoli-
tana) ultima un proyecto –el «Área Bicing»– cuyo
propósito es extender el servicio a 17 municipios me-
tropolitanos, con unas 440 estaciones y 3.500 bicicletas, lo cual supondrá una red de unos 375 km.

La respuesta de los ciudadanos ha sido
igualmente excelente: 188.000 abonados (un 51%
hombres y un 49% mujeres; un 44% entre 25 y 34
años, un 22% entre 35 y 44, un 16% entre 16 y 24,
y un 6% de más de 55), con un promedio de 35.000
usos diarios en invierno y 45.000 durante el verano.
Igualdad de uso por géneros; igualdad de uso por
edades: la bicicleta iguala y hermana, respetando las
diferencias: es radical y profundamente democrática.

En palabras de su alcalde Jordi Hereu, «este
sistema ha transformado la ciudad, hasta tal punto
que forma parte de su paisaje. El *Bicing* es ya uno de
los símbolos de Barcelona, una realidad plenamente

consolidada que refuerza la idea de que todos los barrios forman parte de la ciudad». La bicicleta se ha convertido así en un modo más de desplazamiento cotidiano cuyos beneficios medioambientales, sociales y económicos son evidentes y verificables para cualquier ciudadano o ciudadana que repare en ello. Una experiencia que, además, ha suscitado el interés de instituciones de ciudades como São Paulo, Washington, Milán, Bolonia, Sydney o Filadelfia.

Con 156 km de carriles-bici, los usuarios pueden cruzar la ciudad de norte a sur, de este a oeste, pedalear por las señoriales y cuadriculadas vías del Ensanche; por las sombrías, populosas y laberínticas callejuelas del Barrio Gótico, o por el ancho y soleado Paseo marítimo, con el calmo Mediterráneo como magnífico y reconfortante telón de fondo. Sin duda, la bicicleta pública —la de todos— está contribuyendo a humanizar una urbe que no hace mucho era más gris, huraña e inhóspita: la ciudad, sus calles, sus plazas, sus parques, sus estatuas, su mar..., para sus ciudadanos.

Sin embargo, se advierte fácilmente el doble peligro que corre la experiencia que se ha puesto en marcha en París o Barcelona. El primer peligro consiste en que la nueva práctica pronto se presente como una atracción del verano, reservada a los jóvenes y a los turistas, como una manera de vender la capital a quienes quieren visitarla. El segundo peligro es que adquiera la forma de un enfrentamiento entre automovilistas y ciclistas, alimentado por la ignorancia de unos y otros y su falta de cultura urbana, de urbanidad, identificable en el desprecio de los automovilistas menos sensibles por los ciclistas, pero también en la risueña despreocupación de algunos ciclistas resueltamente irrespetuosos con las reglas de circulación. Como parece ser moda en Francia desde hace varios años, ya hay quienes hablan de policía y de represión, lo cual es una manera de matar en el huevo la esperanza de asociar urbanidad, sonrisa, orden y distensión. Evidentemente, los dos peligros son complementarios y uno se da cuenta de que la operación Vélib' sólo podrá ser un éxito verdadero, total e indiscutible, el día en que la gente de todas las edades considere natural tomar una bicicleta en la estación más cercana para ir a su trabajo o hacer compras. Esto supondría que nadie tuviera ya miedo de la circulación de automóviles ni de los accidentes, que se hicieran numerosos acomodamientos y que hubiera verdaderos bicicarriles en todas partes; es decir, que la suerte del ciclista no dependiera del talento, la buena voluntad y la paciencia de los conductores de autobuses o de taxis. Sea cual fuere la habilidad reconocida de los conductores de la RATP [Administración Autónoma de Transportes Parisienses] nadie puede impedir que el ciclista un poco inexperto o de cierta edad (ese mismo cuya adhesión a la bicicleta sería el criterio del éxito) se sienta nervioso ante la idea de que un autobús lo está pasando por un corredor relativamente estrecho.

Disponemos de cifras, publicadas por Seguridad vial, la ciudad de París y asociaciones como MDB (Mejor Desplazarse en Bicicleta). En 2000 hubo dos ciclistas muertos en París y en 2001 la cifra se elevó a cinco. En 2000 se habían registrado 17 heridos graves. Las cifras aún son más impresionantes si se toma en consideración toda la región parisiense: 83 heridos graves y 28 muertos en 2000. En París, el número de bicicletas ha aumentado el 48% desde 2001 sin que la cantidad de muertos se eleve en la misma proporción: en 2005 se registraron tres muertos y 32 heridos graves. Sin embargo, el problema de la seguridad continúa existiendo porque la cantidad de accidentes en los que hay ciclistas implicados creció un 8% entre 2004 y 2005. En los seis primeros meses de 2007 hubo tres ciclistas muertos y aumentó sensiblemente el número de heridos graves. En octubre murió un usuario de Vélib'. Un humorista británico señaló que en Londres las víctimas de la bicicleta eran más numerosas que las del terrorismo y culpaba en particular a los deportistas vestidos de licra que se lanzaban a rodar precipitadamente por las calzadas, pero también por las aceras londinenses, en perjuicio de unos peatones atemorizados ante el riesgo de ser atropellados.

Por otro lado, si bien en París la extensión de los carriles para bicicletas en 2005 ya se elevaba a 327 kilómetros (los últimos 34 establecidos en ese mismo año), la distribución parece privilegiar los paseos por los bulevares periféricos y los espacios verdes. El hecho de que la operación Vélib' se detenga en la frontera de París, que se desarrolle «intramuros», es, desde ese punto de vista, significativo. Por otra parte, las autoridades de la municipalidad lo han comprendido y a finales de 2007 ya se estaban desarrollando algunas conversaciones con las municipalidades de los suburbios. La cuestión de la vocación que tiene la bicicleta en París (¿disfrute ocioso en los momentos de distensión o utilización cotidiana?) continúa abierta. Por lo tanto, hoy no podemos pretender que el empleo de la bicicleta haya respondido a los desafíos de la nueva organización urbana. La revolución ciclista aún no se ha producido. Pero los demás ejemplos que podemos observar y estudiar en el mundo muestran que la idea de una ciudad donde reine la circulación en bicicleta no es una completa fantasía.

Además de las ciudades del norte de Europa y algunas ciudades francesas como La Rochelle, pienso en diversas ciudades italianas de importancia media como Módena, Bolonia o Parma, donde la buena calidad de vida se hace evidente para cualquier visitante extranjero, sobre todo en virtud del espectáculo que ofrecen los ciclistas que circulan por ellas en todos los sentidos completamente relajados. París no es Módena, pero tampoco Los Ángeles, es decir, un complejo urbano concebido para la circulación de automóviles. Para los responsables del urbanismo parisiense sería ciertamente menos irrealista tomar como modelo a Módena antes que Los Ángeles. El reto estriba en la dificultad de conciliar las exigencias del megapolo planetario (el descentramiento y la extraversión de un complejo abierto al mundo, que importa y exporta cotidianamente personas, productos, imágenes y mensajes) y las de la ciudad concebida como lugar donde se vive, medio íntimo compuesto de sus propias referencias y sus ritmos cotidianos.

Si bien nuestro mundo de imágenes, de comunicación y de consumo tiende a ahogar cada vez
más el pensamiento del futuro y a aplastarlo bajo las
evidencias del presente, hoy tal vez ya estén dadas,
a pesar de todo, las condiciones para concebir una
utopía urbana eficaz, es decir, capaz de convencer
a los habitantes de la ciudad. La paradoja de esta
utopía es que conocemos bien el lugar, aun cuando
nos cueste definir sus límites y sus fronteras (¿dónde comienza y dónde termina la ciudad de nuestros
días?). La nueva y sorprendente posibilidad que se deja
entrever tímidamente y que nos ofrece, así, una
rara oportunidad de imaginar el futuro sin temor ni
disgusto es que la práctica de montar en bicicleta
permite volver a trazar esos límites y esas fronteras,
permite inventar itinerarios inéditos y reconfigu-
rar la ciudad real, la de los usos, los intercambios y
los encuentros con lo cotidiano. Esta oportunidad
no es de ningún modo subalterna ni irrisoria y
justifica plenamente que, para celebrar su advenimien-
to, se proyecte su realización en un futuro próximo con

la esperanza de que, por una vez, la imaginación de lo que vendrá pueda cautivar la historia presente, movilizar a la sociedad, desplazar las líneas de vida y subvertir los temores y rencores de los menos imaginativos.

La utopía

BICILIBERTAD

Dejemos pues correr la imaginación. Imaginemos una ciudad, una gran ciudad, el gran París, por ejemplo, dentro de treinta años. El problema de la circulación se ha solucionado de una vez por todas. Los tranvías, autobuses y trenes subterráneos se han proyectado en abundancia hasta las fronteras últimas de la antigua región parisiense. Los transportes públicos soslayan el trazado tradicional del París *intramuros*. En ese vasto complejo, los itinerarios transversales, cada día más numerosos, permiten unir los diversos puntos de la manera más directa que sea posible. Entre las cinco y las nueve de la mañana, los vehícu-

los de entregas, carga y descarga hacen su tarea. Por supuesto, los vehículos que cumplen funciones prioritarias (ambulancias, médicos, bomberos o policía) tienen una jerarquía derogatoria. Para el resto, inmensas torres de estacionamiento, concebidas por los más eminentes arquitectos del planeta, constituyen en diferentes puntos los límites del Gran París, una curiosidad monumental muy apreciada por los turistas. Los automovilistas y los motociclistas parisienses van hasta esos lugares para recuperar sus vehículos cuando quieren salir de la capital. Algunos irreducibles han preferido guardar sus automóviles lo más cerca posible de sus casas y los estacionan en su propio inmueble. Se les ha extendido una autorización que les permite salir de París o volver a sus casas tomando uno de los cuatro itinerarios de salida y entrada reservados para los automóviles. Esta tolerancia ya no se aplica a los vehículos nuevos y se estima, por lo tanto, que en un plazo relativamente corto esos cuatros itinerarios reservados desaparecerán. Al estar prohibida toda circulación automovilística en el interior de la

ciudad, el conjunto de los espacios de circulación ha crecido enormemente gracias, además, a la supresión de los lugares donde está permitido estacionar. Por consiguiente, los vehículos de condición derogatoria, los tranvías, los autobuses y los taxis se desplazan fácil y cómodamente sobre sus vías correspondientes; en cuanto al resto, la calzada corresponde a los ciclistas, así como la acera corresponde a los peatones.

Uno puede alquilar bicicletas en todas las grandes estaciones de tren, por supuesto, pero también cerca de casi todas las estaciones de subterráneo, de tranvía o de autobús. También existen vastos estacionamientos para bicicletas. El alquiler resulta particularmente interesante para los visitantes (París continúa siendo el primer destino turístico del planeta), pues muchos parisienses ya son propietarios de su medio de desplazamiento preferido, que con frecuencia se ocupan de distinguir con algún toque personal, de «personalizar» (como antes hacían los automovilistas de quienes se mofaba Baudrillard).

La personalización de las bicicletas es mucho más refinada y creativa que la de los automóviles, que consistía sobre todo en agregarles pequeños objetos fetiche —muñecos de paño, imágenes de san Cristóbal o cualquier clase de talismán de diversa índole—. Desde comienzos del siglo XXI, numerosos ciclistas reinventaban su vehículo a veces modificándole radicalmente la forma. Conviene señalar que la bicicleta es, en sí misma, un objeto pequeño, un objeto incorporado y no un espacio habitado como el automóvil. No se acondiciona, no se decora, se le hacen pequeños trabajos artesanales. En el límite entre esos trabajillos y el acondicionamiento, se encuentran esencialmente los accesorios que permiten transportar una cantidad determinada de cosas: las canastas o las bolsas. También son importantes las diversas formas de iluminación o de placas reflectantes que refuerzan la seguridad. En el límite entre el acondicionamiento y la incorporación, están las vestimentas que deciden usar los ciclistas y que también pueden responder a una preocupación por la seguridad (cascos, chalecos

con bandas luminosas, etcétera) o sencillamente a una cuestión de comodidad o de costumbre. Y, por supuesto, como en el siglo anterior, cada uno elige su bici, el color o el estilo, y basta un detalle para que el usuario reconozca su bicicleta de una ojeada entre todas las demás. Paciente y fiel, ésta forma parte de su propietario, quien no querría separarse de ella, y, salvando las distancias, el vínculo que nos une a ella recuerda un poco el que evocaba Aristófanes en el *Banquete* de Platón: el verdadero ciclista no existe plenamente sino cuando se le restituye la mitad perdida de su ser inicial, es decir, cuando se confunde con su bicicleta en un solo cuerpo. El vínculo que une al ciclista con su bicicleta es un vínculo de amor y, literalmente, de reconocimiento, que el tiempo no destruye sino que afianza, si es preciso mediante los recuerdos y la nostalgia cuando la vida los ha separado.

Los «artesanos» llevan mucho más lejos el trabajo de personalización. Su ingeniosidad no tiene límites. Algunos hasta han llegado a reinventar la bicicleta alargándole el manubrio, echando hacia atrás

el asiento, teóricamente para mejorar el rendimiento del esfuerzo físico, cuyas virtudes económicas había alabado Illich algunas décadas antes. Algunos se reclinan sobre la bicicleta como sobre una cama. Otros dominan la calle encaramados en sus máquinas de ruedas inmensas como si anduvieran sobre zancos. En realidad, en todas estas prácticas no está ausente la preocupación por hacerse notar: cuanto más original es el velocípedo, tanto más visible es quien lo conduce. Algunos hasta han creado sitios en Internet que celebran su invento. Y son populares. Se los ve venir desde lejos montando sus extravagantes aparatos. La gente los reconoce, los llama por su nombre o su apodo al verlos pasar (algunos han izado en un pequeño mástil una bandera, una oriflama con sus colores que se ve a la distancia). Forman parte del nuevo espectáculo de la calle. Uniendo lo útil con lo agradable, otros han adosado carritos a sus bicicletas y recorren los mercados parisienses (siempre apreciados por los turistas) para despachar su mercancía. Tradicionalistas, se esfuerzan por concordar con el ritmo perdi-

do de los años que se fueron y por cumplir la tarea que, un siglo antes, desempeñaban los vendedores de frutas y hortalizas de cada estación. A pesar del recalentamiento acelerado del planeta y de las perturbaciones climáticas —que continúan sorprendiendo a la gente de más edad, pero que los menores de treinta consideran naturales—, y a pesar de la globalización del mercado de la alimentación, muchos de ellos «hacen como si» todo fuera como antes y sólo venden castañas en invierno, cerezas en primavera, melones en verano y champiñones en otoño. Uno nunca está muy seguro de la procedencia exacta de esos productos, supuestamente de estación, ni de esos productos de supuestas estaciones, pero da gusto alentar a esos mercaderes de ilusiones y de nostalgia.

Por otra parte, desde hace algunos años la moda está resueltamente a favor de lo «muy *retro*» y por todas partes se ven los «ciclotaxis», cochecitos chinos a pedal que se inspiran en los que surcaban las calles de París un siglo antes, durante la guerra y la ocupación alemana. Cuando hace falta, sus conducto-

res recurren a la ayuda de motores eléctricos relativamente potentes y absolutamente no contaminantes, con lo cual pueden llegar a transportar cómodamente hasta dos adultos en sus pequeños coches coloridos. Quienes más aprecian estos «ciclotaxis» son los turistas y las personas de la quinta edad. Los motores eléctricos integrados, casi invisibles y completamente silenciosos, son muy útiles para aquellos a quienes su fragilidad, la edad o una debilidad pasajera ponen en desventaja en las cuestas un poco empinadas, pero que recuperan la moral cuando toman conciencia del espectáculo de excesiva y sorprendente facilidad que ofrecen a quienes los miran. El motor eléctrico es el instrumento de la perfecta igualdad, la única forma indiscutible de discriminación positiva. Las bicicletas dobles o tándems se han puesto nuevamente de moda, bello símbolo de la necesaria solidaridad de las parejas, y han aparecido nuevas expresiones para celebrar la amistad y el amor, tales como «compartir el tándem» o «pedalear juntos». Espíritus más complicados han reinventado bicicletas con tres asien-

tos, semejantes a las que ya existían en 1936, como lo prueban los documentales de la época, que ahora vuelven a exhibirse de buena gana como si en su momento hubieran representado una anticipación de lo que pasaría un siglo más tarde.

LA JUVENTUD DEL MUNDO

El desarrollo de la bicicleta ha cambiado radicalmente la geografía urbana. Los carriles-bici que se extienden a lo largo del Sena hacia el oeste y el este permiten llegar fácilmente a Suresnes, a las islas y a Meudon, por un lado, y alcanzar la confluencia del Marne, por el otro. Por todas partes, los bailes populares al aire libre han recobrado nuevas fuerzas. El acordeón del domingo y la gaita han vuelto a ser un *must*, algo imprescindible. También en estos lugares flota en el aire una pizca de amable nostalgia, pero es una nostalgia acogedora, precisamente a la manera de un retorno: lo que se celebra o se cree celebrar es algo que se parece

bastante a un reencuentro. Se inicia a los niños desde muy temprana edad en el aprendizaje de la bicicleta y se los alienta a utilizarla para ir a la escuela. Con un interés en la formación y también en la seguridad, se han organizado caravanas matinales y vespertinas para los más pequeños, que así comienzan a educarse en la disciplina colectiva; estas caravanas siguen itinerarios balizados y pasan por lugares fijos que se han establecido como puntos de encuentro adonde los padres se pueden acercar de una pedalada para ir a buscar a sus hijos. Varones y niñas aprenden juntos a conocer el cuerpo y su movilidad en un programa del que participan todos los establecimientos escolares. Hace tiempo que el integrismo religioso ha tenido que retroceder ante la bicicleta y la moda de rodar ha liberado definitivamente a aquellas niñas antes impedidas por padres atrasados o hermanos retrógrados de montarse a horcajadas en la máquina satánica. Todos recordamos que muy tempranamente la bicicleta fue en Estados Unidos y en Europa un instrumento de liberación de aquellas mujeres que, con sus panta-

lones «campana» o *bloomers*, habían osado afrontar la
vetustez pudibunda de los sexistas de toda índole. La
historia es lenta pero avanza, señalan los más optimis-
tas. Y lo cierto es que hoy la juventud de los barrios
más populares se mezcla en las carreteras de la región
parisiense con la de los barrios menos populares sin
distinción de sexos. Se ha instaurado una nueva red
de albergues para la juventud y los jóvenes descubren
nuevos paisajes sin recurrir a la televisión. Es un retorno a 1936, con la gran diferencia de que ya no hay
ninguna amenaza de guerra en el horizonte.

Se respira mejor. De nuevo se han hecho perceptibles
el perfume de los castaños en primavera y el de las
castañas asadas en otoño, al igual que los demás olores que, sin darnos cuenta, nos habíamos acostum-
brado a no sentir. Hemos recobrado el aroma de las
flores, de las frutas, de los mariscos y los pescados en
los puestos de los mercados, de la ropa blanca recién
lavada o del agua de Colonia, y hasta el del aire mismo que, desde hace un tiempo, ha adquirido un deje

a fruta roja y que muchos se aplican a aspirar a todo pulmón para desintoxicarse. El cantante de moda es nuevamente Charles Trenet: *Y a d'la joie...*

También contribuye al deleite de las calles la serenidad recobrada de todos los conductores. Los taxistas son siempre corteses, están siempre de buen humor, siempre disponibles y conducen sin impaciencia ni murmuraciones. La situación política ya no les inspira comentarios acerbos. Tampoco se aglutinan ya en los aeropuertos para evitar la circulación urbana y, en cuanto uno se rasca una oreja o la nariz descuidadamente, siempre aparece alguno dispuesto a detenerse y preguntar si se requieren sus servicios. Los agentes de tráfico tienen muy poco trabajo y, como reina un buen humor generalizado, no es raro ver policías que, cuando hacen alguna aparición, se muestran bonachones. Aclaremos que la industria de la bicicleta y todos los servicios adjuntos han dado un importante impulso al crecimiento económico. La industria automotriz no marcha nada mal y no parece haber sufrido a causa de la liberación de los espacios

urbanos. Los vehículos de esparcimiento se han multiplicado —coches descapotables y una gran variedad de coches pequeños para las vacaciones— y el enorme esfuerzo por desarrollar los transportes públicos ha traído consigo un verdadero *boom* económico.

El prestigio de la bici es tal que se está produciendo un regreso del deporte ciclista aunque con formas inesperadas. El deporte aficionado ha recuperado sus colores gracias a las competiciones ciclísticas entre liceos y universidades; el Tour de Francia universitario es una prueba en la que la televisión muestra cada vez mayor interés. Es una competición, en cierto sentido, semiprofesional porque otorga premios, pero premios que consisten en meses de becas de formación financiadas por las empresas o los organismos públicos. Las etapas son cortas para no matar a los corredores; el reaprovisionamiento es libre y a veces se suele ver a competidores sentados a la mesa al borde de la carretera compartiendo bocadillos con los espectadores antes de partir, apresuradamente, al asalto de una cima alpina. En los Juegos Olímpicos,

de donde se ha desterrado definitivamente el deporte profesional, las pruebas ciclísticas en pista y en carretera tienen un gran éxito de audiencia: en ellas se enfrentan jóvenes evidentemente dotados pero cuyos resultados cronométricos son mucho más modestos que los registrados en los últimos años del «profesionalismo». Como se suele decir, se ha recomenzado de cero y se ha reabierto el libro de plusmarcas. Algunos querían profundizar aún más en la reforma y suprimir la noción de récord, pero no lograron imponer su idea. Se desarrollaron coloquios nacionales e internacionales y los radicales tuvieron que inclinarse ante quienes sostuvieron que la noción de récord procedía de una lucha con uno mismo, que era la quintaesencia del crecimiento personal y que, de ningún modo, implicaba poner a otros en tela de juicio. La reforma del ciclismo deportivo dio lugar a una reflexión más general que ha acarreado consecuencias revolucionarias en todos los deportes. Los medios apoyaron el movimiento cuando percibieron la simpatía que sentía el público por él y cuando comprendieron las

nuevas perspectivas de mercado publicitario que se les abrían. El deporte aficionado ha reemplazado a la televisión-realidad —que ahora se conoce como tele-verdad, para recordar que se ha excluido de ella toda ficción— y los programas de tele-verdad deportiva gozan de gran éxito.

El efecto pedalada

El «efecto pedalada» es una nueva expresión que se ha puesto de moda y ha sustituido la que se usaba en el mismo sentido: el «efecto mariposa». Ésta había surgido, como se recuerda de buena gana, en la conferencia ofrecida por el meteorólogo Lorenz en 1972 y de la provocativa pregunta que le daba título: «[...] el aleteo de una mariposa en Brasil, ¿puede provocar un tornado en Texas?». Hoy, los investigadores de las ciencias sociales han llegado a preguntarse si la teoría del caos no se aplicaría aún con mayor pertinencia a la actualidad mundial. Con el agudo sentido

de la predicción retrospectiva que a menudo los caracteriza, hacen notar que posiblemente todo se haya iniciado un día con una iniciativa municipal tomada en una ciudad de Europa del Norte, con el propósito de oficializar y proteger la primera pedalada de un paseante. El ejemplo se extendió como un reguero de pólvora, como se vio en Francia, primero en algunos poblados menores, luego en Lyon, en París y rápidamente en todas las demás ciudades francesas, pero también y más aún en todas las grandes metrópolis mundiales. El cambio de calidad de vida y la mejora de la situación ecológica del planeta son las consecuencias más evidentes para la mayoría, pero los efectos secundarios son sencillamente pasmosos, sobre todo en la esfera social y en la política. Las barreras entre las clases se levantan o se desploman. Las potencias petrolíferas tienen cada vez menos clientes y, como una consecuencia que entusiasma a los observadores más materialistas, el proselitismo religioso se ahoga. Da la impresión de que el politeísmo ciclista hubiera subvertido el monoteísmo petrolífero. Cier-

tamente hay una competencia feroz en la fabricación de bicicletas, pero el público potencial es enorme y, además, aumenta sin cesar sus exigencias. Las bicicletas africanas están haciendo la vida imposible a los fabricantes asiáticos. Los investigadores multiplican los descubrimientos o los redescubrimientos (bicis plegables, bicis portátiles, bicis todoterreno, bicis con asistencia invisible, bicis musicales, bicis insumergibles, bicis acuáticas, bicis a vela...). Los científicos están a un paso de descubrir la manera de capturar y transformar la energía desplegada por los ciclistas; con ese propósito se están construyendo carreteras experimentales especialmente equipadas. Se cree que con ese aprovechamiento se podrían alimentar sectores completos del campo energético.

A veces, algunos observadores han manifestado el temor de que a la larga la frescura inicial del movimiento ciclista mundial resulte afectada por esas derivaciones, pero de momento el entusiasmo está intacto. Convocados por numerosos gobiernos («¡Ciclistas del mundo, uníos!»), en Pekín, Johannesburgo

y San Francisco millones de ciclistas de todas las edades han participado en fiestas gigantescas. La pro-
ducción está en pleno auge. Los técnicos en comer-
cialización y promoción rivalizan en ingeniosidad. El
capitalismo saca su provecho, pero las exigencias de
los usuarios en el terreno de la organización del trabajo, de la educación y del tiempo libre son tales que
uno termina por preguntarse si finalmente la práctica
de la bicicleta no será lo que permitió inventar la tercera vía, ésta que, entre el liberalismo y el socialismo,
se preocupa ante todo por la felicidad de los individuos. Se han organizado conferencias internacionales para analizar más profundamente la cuestión. Las
dos últimas, realizadas en el campus universitario de
Aubervilliers («La bicicleta y el fin de las ideologías»,
de 2006, y «La bicicleta o la muerte de Dios», de
2007), han tenido repercusión mundial. Finalmente,
algunas iniciativas felices han permitido comprobar
que el hombre genérico (el ser humano, hombre o
mujer, joven o viejo) y su nueva cabalgadura de ahora
en adelante forman un solo ser. La más reciente de

dichas iniciativas es también la más vertiginosa y su imagen quedará grabada de manera indeleble en las memorias: desde que el primer ser humano ha pedaleado en Marte bajo la mirada de nueve mil millones de terrícolas, algo ha cambiado en la historia del planeta y en la conciencia de los hombres.

Nuevamente con los pies en la tierra

Evocar demasiado la utopía puede hacernos correr el riesgo de caer desde muy alto. Por lo tanto, me detengo en esta evocación del pedaleo en estado de ingravidez. Sin embargo, creo que hoy conocemos y reconocemos la ingravidez más que nunca. Las imágenes del mundo actual resucitan ese sueño mientras nos proponen el espectáculo de aviones gigantescos que levantan el vuelo llevando a bordo a varios centenares de pasajeros, de cohetes despegando majestuosamente de Cabo Cañaveral, del centelleo —en la pantalla de nuestros televisores— de los megapolos filmados por la noche desde un helicóptero invisible, del espectáculo del planeta observado desde los satélites y hasta de personajes de ficción como Batman o Spiderman, a quienes los efectos especiales del cine propulsan hacia los cuatro puntos cardinales del universo. Si estas imágenes nos fascinan, se debe a que ilustran y despiertan nuestro deseo de escapar de la gravedad de lo cotidiano. No hay duda de que el uso de la bicicleta nos permite satisfacer en parte ese deseo de fluidez, de levedad (estaba a punto de decir «de liquidez»), ese deseo que expresan tan bien las palabras que utilizamos para hablar de las nuevas tecnologías («surfeamos» o «navegamos» por Internet). «Los ríos son caminos que andan», escribía Pascal. Es comprensible que, a la inversa, los hombres tengan deseos de transformar los caminos en ríos. Además, se dice que Pascal inventó la carretilla. Sin otro auxilio que la fuerza desmultiplicada del cuerpo, la bicicleta ofrece la oportunidad de realizar, en cierta medida, el ideal de movilidad natural y fluida. El sueño del ciclista es identificarse en tierra con el pez en el agua o el ave en el cielo, aun cuando se deban aceptar las limitaciones que le impone el espacio.

Pues el mérito del ciclismo, a diferencia de esta ilusión demasiado seductora, es precisamente imponernos una conciencia más aguda del espacio y también del tiempo. Esto lo podemos ver claramente en París, donde las bicicletas en alquiler se acumulan en las estaciones situadas en la base de las pendientes. Las camionetas encargadas del aprovisionamiento de las estaciones se ocupan de la tarea de remontar las cuestas y así permiten que los más perezosos se entreguen, sin problemas y cuando lo deseen, a las delicias del descenso sin fin y de la rueda libre. Pero hasta esos usuarios esquivos del esfuerzo muscular aprenden, a su manera, a explorar el espacio y el paisaje concretos. Si se resisten a remontar la calle Saint-Jacques o la Des Martyrs, no siempre lo hacen con agrado o por puro hedonismo; a menudo rehúyen el esfuerzo porque toman conciencia de su edad o sienten que no están en forma física y remedian esas debilidades de la mejor manera posible. Pasado algún tiempo, después de hacer una dieta más saludable y algo de ejercicio físico, probarán un nuevo intento. El milagro de la bici es su persuasión suave, que hace las veces de una amable llamada al orden biológico, así como impone una vigilancia mínima a todo aficionado a su práctica.

Todas las invitaciones a la pasividad —que constituye para muchos individuos su relación con los diversos medios— se desvanecen en cuanto montan su bici. El ciclista pasa a ser responsable de sí mismo e inmediatamente toma conciencia de ello. Simultáneamente cobra conciencia del lugar que le corresponde, el cual puede recorrer en todos los sentidos, así como de los itinerarios que lo alejan de ese lugar y de aquellos otros que lo traen de regreso. Si, además, tenemos en cuenta que en general la práctica de la bicicleta nos ofrece la posibilidad de sumergirnos en los recuerdos de la infancia y en la continuidad de la propia vida, podemos llegar a la conclusión de que la experiencia de la práctica ciclista es una prueba existencial fundamental que asegura la conciencia identitaria de aquellos que se entregan a ella: pedaleo, luego existo.

El éxito actual de la bicicleta, sobre todo entre los jóvenes, es pues, ante todo, un hecho revelador. Tiene valor de síntoma. En efecto, lo que se nos escapa hoy, en este mundo de imágenes y de mensajes mediáticos, es fundamentalmente el principio de realidad. Nos regalamos, a un precio muy bajo, el sentimiento de existir expresando cada momento nuestra opinión, sin advertir siquiera en qué medida ésta está modelada por el medio ambiente. Se la expresamos a nuestros vecinos, cuando tenemos vecinos; la expresamos a través de Internet, si sabemos navegar; en la televisión, si nos seleccionan para expresarnos en ella; y hasta en las encuestas si nos interrogan y aun cuando no nos interroguen, porque los sondeos nos dicen lo que pensamos mayoritariamente. La moda de la bicicleta revela sin duda, en parte, ese fenómeno de opinión pero, desde el momento en que montamos en una de ellas, las cosas cambian y volvemos a encontrarnos con nosotros mismos. Nuestra historia personal nos toma a su cargo. El mundo exterior se nos impone concretamente, en sus dimensiones más físicas. Nos ofrece resistencia y nos obliga a un esfuerzo de voluntad pero, al mismo tiempo, se nos abre como un espacio de libertad íntima y de iniciativa personal, como un espacio *poético*, en el sentido pleno y primero del término: como *poiesis* o creación.

Los niños, más que los adultos, son filósofos por naturaleza y se interrogan constantemente. Aún no están *habituados* y el espectáculo de las cosas inertes los sorprende tanto como el de las diversas formas de vida. Al mismo tiempo, se comportan como poetas; juegan, inventan ficciones, pero, a diferencia del adolescente, que siempre corre el riesgo de dejarse apresar por las fantasías de sus sueños diurnos y de rozar la neurosis, como nos recuerda Freud en su artículo «El poeta y la fantasia»,[3] los niños saben considerar las circunstancias y distinguen su mundo

3. *L'inquiétante étrangeté et autres essais*, Gallimard, Folio, 1985 [*El poeta y la fantasía*, en la edición de las *Obras completas* de la Editorial Biblioteca Nueva, Madrid, 1973.]

lúdico del mundo de la realidad. Montar en bicicleta nos devuelve, por un lado, un alma de niño y, a la vez, nos restituye la capacidad de jugar y el sentido de lo real. Así, el empleo de la bici constituye como una especie de *recordatorio* (como cuando se da una dosis de refuerzo de una vacuna), pero también de *formación continua* para el aprendizaje de la libertad, de la lucidez y, a través de ellas, tal vez, de algo que se asemejaría a la felicidad.

El mero hecho de que la práctica de la bicicleta proporcione así una dimensión perceptible al sueño de un mundo utópico en el que el placer de vivir sería la prioridad de cada persona y aseguraría el respeto de todos, nos da una razón para abrigar esperanzas. Retorno a la utopía, retorno a lo real, da lo mismo. ¡Arriba las bicicletas, para cambiar la vida! El ciclismo es un humanismo.

Otros libros del autor en Gedisa

El viaje imposible
El turismo y sus imágenes

Travesía por los jardines de Luxemburgo

**Hacia una antropología
de los mundos contemporáneos**

Las formas del olvido

El porvenir de los terrícolas
*El fin de la prehistoria de la humanidad
como sociedad planetaria*

La guerra de los sueños
Ejercicios de etno-ficción

Los no lugares

La comunidad ilusoria

Por una antropología de la movilidad

El oficio de antropólogo
Sentido y libertad

¿Por qué vivimos?
Por una antropología de los fines

El tiempo en ruinas
Sentido y libertad

Diario de guerra
El mundo después del 11 de septiembre

Ficciones de fin de siglo

Marc Augé